Lyrisches um auszuruhen

Um die Sinne zu erwecken, Dich ganz neu zu entdecken,
komm gib mir Deine Hand, durch den Weg in diesem engelhaften Einband, geht's hoch her und hoch hinaus, mit viel Liebe und Poesie Politik und Freude, Witz und Charme, alter Worte neuer Klang, tauch ein in Gottes bunten Himmel, wenn die Erde steht schon Kopf, so soll es Dir doch zeigen, dass wir nicht vergessen sind und Er in unseren Herzen schwingt!

Petra Knauf-Diedrichsen wurde 1968 in Kiel
geboren.
Nach einigen Wellenbewegungen im beruflichen
sowie persönlichen Bereich bemerkte sie, dass
sie etwas in ihrem Leben wirklich berührte und
füllte: das Schreiben und die Spiritualität.
Dieser Weg führte sie in ihre Berufung:
heute ist sie in der spirituellen Lebenshilfe tätig.
Nebenbei absolvierte sie erfolgreich das Studium
zur psychologischen Beraterin / personal
coaching.
Petra Knauf-Diedrichsen liegt es am Herzen,
dass die Menschen lernen, sich wieder an den
kleinen Dingen des Lebens zu erfreuen!

Petra Knauf-Diedrichsen

Lyrisches
um
auszuruhen

Lyrik

Books on Demand GmbH Verlag

**Bibliografische Information der Deutschen
Nationalbibliothek**
Die Deutsche Nationalbibliothek verzeichnet diese
Publikation in der Deutschen Nationalbibliografie;
detaillierte bibliografische Daten sind im Internet über
http://dnb.d-nb.de abrufbar.

*Herstellung und Verlag: Books on Demand GmbH,
Norderstedt*

© *2007 Petra Knauf-Diedrichsen*

ISBN-13: 978-3-837-01486-0

*W*eise Worte sind wie weiße
Engelflügel,
Sie tragen das Erhörte in die Tiefe
unserer Seele und senden uns die
himmlischen und irdischen Helfer es
dort zu manifestieren!

~~~~~~~

Ich möchte mich bei allen himmlischen
und irdischen Helfern bedanken, die zu
diesem Gedichtband beigetragen haben.

Meinen Kindern Alessandra & Pierre
für ihre Unterstützung & Geduld.

~

Meinen Eltern für ihre immerwährende
tatkräftige Unterstützung!

Lyrik

Dem einen missverständlich,
des anderen Glück,
getragen die Werke großer Meister,
verbrieft des Tageseinheit Klang,
gebunden in Büchern zum Erhalt
vorgesehen,
tragen der Schönheit Worte dazu bei
im inneren Frieden zu stehen,
zu fühlen der alten Worte neuer Klang,
eine Welt auch in Aufruhr steht,
Schönheit der Worte nie vergeht,
ob in Freud oder Leid,
ein gesprochener Vers in Erinnerung
bleibt,
so weh das Herz,
so schmal der Grad,
der Schönheit des gesprochenen Wortes!

*L*yrisches um aufzustehen,
soll erheitern und ermuntern
Deinen Tag hellen Traum,
verschaffen auch tags Dir den Raum,
für Einen, Deinen Traum!

~~~~

*V*erschleiert der Morgen bleiern das
Licht, verspielte Blicke treffen sich, um
schneller schlagenden Herzens
fortzufahren, wo die Nacht der Wollust
getränkten Stille, dem Knistern Einhalt
gebot, so treibt es den Tag auf
wunderbare Weise voran, wie nur die
Liebe es vermag!

*E*in Jüngling von wunderbarer Statur,
machte sich im Morgengrauen
auf zur Liebsten,
zum Fenster rauf, da sah er sie schon
sitzen,
er zog von hinten sanft Ihren Nachtrock
aus,
um sie beim umdrehen nacktens in den
Arm zu nehmen,
da schaute er in Großmutters große
Augen rein,
fing an schweißgebadet zu schreien, um
keuchend, stöhnend aufzuschrecken,
um sich reckend so, aus diesem
Albtraum zu retten!

*E*in Mädchen mit goldig blondem Haar,
stand in ihrem Zimmer, um mit
verstohlenem Blicke, zart dem
Nachbarssohn zu lauschen, er sah die
Holde und erwiderte, sie schreckte auf
verzückt, um am nächsten Morgen,
wie immer da im Raum zu stehen und zu
ihm zu sehen!

Fenster zur Seele

*F*enster zur Seele in der ich lebe,
getrübt des Glückes Kern,
ummantelt mit dem Leid der Welt,
traurig verzückt,
fließen Tränen des Glücks,
der Trauer und der Wut,
wenn es Spiegel der Seele gar gibt,
dann sind es die wunderbaren Prismen,
der Lichtblick eines gehaltvollen
Lebens, eines schönen Gesichtes,
wenn es Fenster zur Seele gibt,
dann sind es die Augen voller
Zuversicht!

Sommernachtstraum

So zart die Nacht auch begann,
verführt durch die lauschige Woge des
himmlischen Sommerwindes,
inspiriert für die Traumwelt durch das
wundervolle Lichtspiel an der Wand,
ein Wechsel aus Mondenschein und
Wolkentanz, dessen Ritt mich zu innerer
Zufriedenheit in den Schlaf sinken ließ,
ummantelt von lieblichen Geräuschen
sommerlicher Vampire,
der nur vom Weckerklang sich
unterschied, sodann, ich nun,
tapfer meine Wunden durch den Tag
trage, sobald auch meine Sinne
verstanden haben, ein neuer Tag fängt
an!

Guten Morgen

*D*es lauten Tageslänge Ausklang
nimmt, still die Nachtruhe, wie das
strömende Rauschen der Baumkronen
im Wind,
sicher wie ein Kind an des Mutters
Brust,
wiegen die sanften Töne in den Schlaf,
durch des Woge lauter Flug,
die Träume geleiten über die Brücke
zurück,
in den Morgen, frisch aufzustehen!

~~~~~~~~~

*S*odann, Träume die Brücke bauen für
den Tag,
dieser sie gern mag übernehmen, trägt
Glück und Frieden in sich,
um zu später Stunde eine neue Brücke
zu bauen, leise und friedlich!

Ausruhen

Die Nacht war kurz, ist doch da um
auszuruhen,
so wird dann ein jeder Tag klar und
schön, kannst viel besser zur Arbeit
gehen, auch die Haut in so manch einem
Alter, braucht ein wenig länger um zu
entfalten sich, in ganzer Schönheit
morgendlich, nur so als Hinweis,
es ist wohl das schöpferische, der Geist,
der uns zahlen lässt diesen schlafarmen
Preis, so gehe auch Du in ein geruhsam
Wochenend, um gestählt den Montag zu
beginnen!

Die Plüschmaus

*E*s gibt so viele Menschen auf der Welt
die in ihrem Namen Engel tragen,
doch Taten, nicht Namen sprechen
Bände, so schmücken wir uns besser
nicht mit Federn dessen,
die wir durch unrühmlichte Taten
verkleben könnten, sondern werten die
Menschheit durch Wissen und Weisheit
ein wenig auf, kehren in unseren
schwachen Stunden zur Freiheit derer
zurück, dessen Augen voller Freude und
Zuversicht in die Zukunft blickten,
schwer der Arm vom stolzen tragen des
kleinen, großen Kameraden ,mit dem
alles geteilt wurde, der niemals verlassen
wird, nicht für Autos, Schokolade oder
einen Teddybär,

ein treuer Freund der tapfer, niemals klagend, stumm und auch nicht mahnend, seid Kindheit an zur Seite steht, Plüschmaus, so untrüglich der Name, so vergänglich die Werte des Augenblickes, als Kinder noch Kinder waren, eine schöne Erinnerung zurück!

~~~~

Die Macht der Worte

*D*ie durch uns fließt,
kann erheitern, ermuntern, sich auch im
Schwall ergießt, in Gänze kann es Liebe
senden, Freude schenken, in Staunen
versetzten, zur Leichtigkeit tragen,
ohne das es uns verlässt,
das Wort, des schönen Klang kaum
einen Namen fand, wie ich liebe Dich,
sei Mein, so sanft es in unseren Herzen
schwingt,
es auch die andere Seite gibt,
das Wort das so vernichtend ist,
schlimmer als ein Peitschenhieb,
merke in deinem Wortschatz Dir,
sei bedächtig mit dem was Du
verrichtest,
es kann tragen aber auch vernichten,
wähle fortan die Richtigen aus,
oder hülle in kluges Schweigen Dich
um Katastrophen zu vermeiden!

Worte sind wie Waffen - lerne diese gezielt!

~~~~

*E*in wahres Wort zur rechten Zeit,
konstruktiv gerichtet,
bleibt aufrecht in den Gedanken stehen,
als Lautes, das vernichtet!

~~~~

*W*enn Mann und Frau gar streiten sich,
er ist ihr zu stumm,
ihn nervt ihr zänkisches,
bleibt doch unverhohlen,
das Mittelmaß nicht vernichtend ist,
sondern wichtiger denn je,
so lebt es sich als Paar ganz gut, ohne
sich verbal zu versohlen!

*D*a schreit die Mutter ihre Kinder an,
Ihr sollt nicht so laut streiten,
da steht der kleine Klaus nun auf, um
Seins zu verbreiten,
wir sind nicht laut oder streiterisch, wie
kommst du eigentlich darauf?
Wir sprechen nach was Ihr uns gebt in
ein und selben Laut!

~~~~

*W*enn ein Kampf soll geschehen,
lasse den Gegner schon aus Respekt auf
gleicher Ebene stehen,
dabei nicht entscheidend ist,
wie mag ein Gegner wohl sein,
vielmehr ist doch interessant,
führen wir den selben Kampf?

*E*inen neuen Tag zu bestehen ist nicht
immer leicht, um so leichter fällt der
Cent wenn die Taschen mit Gelde voll
schon sind, brauchen Gedanken nicht im
Kreis sich drehen,
wissen, wo was hat zu stehen,
so freue dich auf kommende Zeiten,
das Geld in Gänze wird dir bereiten,
brauchst nur noch zu überlegen,
nicht woher soll ich es nehmen,
nein, wo stapele ich es hin,
ach, ist das schön,
welch ein Lebenssinn!

Zu kämpfen einen Kampf wenn ein
Erfolg steht daran, ist nicht wichtig wie
müde ein Kämpfer ist, entscheidend ist,
nicht niedergestreckt am Wegesrand zu
liegen, sondern, zufrieden der Arena zu
entfliehen mit der Siegesprämie in der
Hand, aufrecht, gefestigt mit Stolz,
erarbeitet mit eigener Hand,
der Sieger zu sein, in seinem
persönlichen Überlebenskampf!

~~~~~

Verbeuge mich,
für das geflossene Wort,
so schön, so klein es ist,
es ist am richtigen Ort, zur rechten Zeit,
schön anzuhören,
so gebe ich gern auch zu,
WOW auch Du!

*E*in Jüngling stand da, ganz verzückt,
zu des Nachbars Weibe blickt,
von weitem schaut so lecker aus,
der Braten, den sie gerade trägt ins
Gartenhaus!

~~~~

*W*itz,
ist er schwarz oder weiß?
Dieser Farbe kennt?
In Gänze getränkt mit Halbheit
gestrichen, so werden gerade Formen
schnell zum Oval, mit geschwungenen
Flügeln in der großen Freudeshalle!

*E*in Knabe gar klein und fein,
ließ Zucker durch die Hände fallen,
da kam von hinten Mutter an,
ließ es knallen,
das ganze Paket zu Boden,
der Knabe blickte erschrocken auf
und hob den Zucker wieder auf!

~~~~

*E*in Mädchen von wunderbarer Statur,
erließ Ihrem Schatz, den ersten Kuss der
Hochzeitsnacht,
denn dieser kleine Strolch,
hatte schon einiges Hochprozentige
geküsst,
da legte es ihn auch schon nieder,
gestreckt mit des Holden Mieder,
schön zu spüren das Er nun verheiratet
ist!

*E*in Kaninchen gar weiß,
hoppelt über den frisch gemähten Rasen,
zurück bleibt nur der wehmütige Blick,
ob es jemals das alte Fell zurück
bekommt?
Im grünen Augenblick eher nicht!

~~~~

*E*in Henker kommt mit dem letzten
Mahl, der Häftling schaut irritiert,
ich soll doch gar nicht gerichtet werden,
da isst der Henker es selber auf,
schaut sich noch mal um,
ach ist doch auch egal,
nun komm!

Susi und Strolch, die Zierfische des
Nachbarn, schwimmen meist alleine,
seine Söhne machen mit beim
Wettbewerb, ehrgeizig wie Papa es mag,
so hat er nicht nur am Teich zu schauen,
sondern auch beim Erfolg der Söhne,
darauf lässt sich bauen!

Verregneter Sommertag

*E*in Mädel stand am Straßenrand, im
strömenden Regen sehr,
ihr heller Anzug langsam sich zog aus
dem Verkehr,
verzweifelt Sie den Daumen hebt der
Straße dann entlang,
oh, warte da ein LKW, welch ein
himmlisch Klang,
dieser sieht die Maid nun stehen, vor
einem großen See,
da lenkt er schmunzeln mitten rein um
mehr von ihr zu sehen!

*E*in Junge springt von Pfütz zu Pfütz,
spiegelt sein Gesicht,
da fällt ihm eine Münze rein, die findet
er dann nicht, trabt traurig schnell Heim,
um Mutter zu berichten, die tröstet seine
Tränen, um ihm zu sagen er muss auf
nichts verzichten. Das ist damit bald ein
Geldbaum wächst, nur so für Dich,
wenn Du morgen aufstehst entdeckst Du
ihn, so sprang er morgens aufgeregt aus
dem Haus, um tatsächlich in der Pfütze
stehen zu sehen das Gewächs,
die Mutter im Fenster lehnt, leise
lächelnd, erfreut, das ihre nächtliche
Mission so erfolgreich war, für das
Glück ihres Sohns, wunderbar!

*E*ine Katze windet sich nicht nass zu
werden, geht es ihr um Reinlichkeit
schon, denn schmutziges gibt's genug
auf Erden, nur sie mag es einfach nicht,
nass zu werden!

~~~~~

*E*in Tropfen füllt die Erde nicht, ein
Tropfen leert den Himmel nicht, doch
ein Haus auf einem Tropfen gebaut, lässt
wanken dieses Stück vom Glück!

*E*in Mann stand am Straßenrand, ein
Bündel in der Hand, die Kleider an der
mageren, fast ungepflegten Statur, in
Fetzen hing, viele Gute und Liebe
Menschen an ihm vorüber gehen, ohne
auch nur einen Cent in sein Zeitung
Projekt zu tragen, sich abends vor den
Fernseher hocken, viel Geld in die
Rettung der Welt per Spende stecken,
um so das Elend hiermit zu zudecken!

~~~~~~~~~~

*W*enn Opa und Oma im Streit sich
messen, so bleibt der Familie ein
Schmunzeln nur, sich zurückzuziehen,
sie auch auf ihre besondere Weise nicht
zu vergessen!

*E*in holdes Weib sich gerade sonnt,
in des Strahlen Kleid schon wohnt,
sich räkelt wohlig und leise,
so niemanden zu betören, sich auch
weiter ungestört, nacktens farblich
formen kann,
da knackt es von hinten dann,
ein paar Jungs mit Fernrohr sich schon
gütlich getan, an dieser wohlgeformten
Reise,
die Holde zog sich schnellstens an,
um schmunzelnd an einer noch
geschützteren Stelle fort zu fahren!

*E*in Jüngling mit goldenem Haar,
sah unverhohlen auf die Brust seiner
Mama, diese schaute irritiert zum
Knaben nun herunter, bevor sie
eingreifen kann, sind die kleinen Finger
ihm entglitten, und grabschen wie ein
Großer an des Mutters Titten,
die haut dem Knaben auf die Hand,
er fängt zu weinen an, Mama, ich habe
mich so gefreut auf die Ballons,
warum darf ich Sie denn nicht
bekommen, ich war doch heut sehr brav,
da schaute Frau Mama voll Mitgefühl,
gab ihm bekannt,
zwei Ballons, sind es nicht und
irgendwie doch, ich werde dir später
erklären wo da der Unterschied
darin liegt, nur verspreche mir, ein
Leben lang, fasse nie mehr ungefragt bei
einer Frau da an!

*D*es Rätsels Lösung gibt es nicht,
so schmerzt es uns im Kopfe,
die einen nehmen es gelassen hin,
die anderen fangen zu weinen an,
nun klage bitte nicht so lang,
es immer Antwortbücher gibt,
eine kleine Schummelei,
und Du bist des Rätsels frei!

~~~~

*H*ase und Igel lieben sich
unter einem Strauch gar sehr,
da fängt der Hase zu weinen an,
piekt der Igel doch schwer,
geben sie das Projekt jetzt auf,
mit schweren Herzens sehr,
doch lerne daraus, wer so
unterschiedlich ist, sollte auf diese
Weise nicht lieben sich,
außer Du wirst gern in den Arsch
gepiekt!

Ein Tag am Strand

Natürlich schön so anzusehen,
braun und rot gebrannt, gestrandet, ohne
Rücksicht auf Verluste,
das auch Augen platzen können,
liegen viele Schöne, ganz dicht
zusammen,
ausgeruht und vollgefressen, ihre Leiber
kaum noch spürend,
auch die Grazilen sind keine
Augenweiden, alle Knochen schon zu
sehen, dunkelbraunes Leder sich
gebrannt, mit Stöckelschuh und
Handtäschchen,
die 20 Meter Strand auf und ab nun
gehen,
ach wie schön die Welt doch wäre, sie
nur mit Kinderaugen anzusehen,
deren Blicke lediglich auf die Sandburg
gerichtet ist!

*L*ieblich frohlockt das Weib am Meer,
kokettiert mit ihrem kleinen Stück Stoff,
nass und eng umschlungen, den Körper
im Meer,
die Augen auf alle Männer gerichtet, sie
wippend und hüpfend den Rückweg nun
findet,
lüstern aller Männer Blicke,
nur zur Seite, zum eigenen Weibe kurz
gerichtet,
um geläutert zu erstarren, mit dem
Kopfe im Sande, sich besser nicht mehr
umzudrehen!

~~~~~

*H*ocherhobenen Hauptes geht auch ein
Jüngling baden,
steckt nicht so voller Zweifel wie manch
ein anderer Mann,
der mit eingezogenem Bauche
kaum noch schwimmen kann!

Schön zu sehen teure Nachbarn,
gönnerhaft und gern,
doch was soll das, ist die Sandburg des
Nachbarkindes nicht zu groß, zu schön?
Gut, dass es einen Zollstock im Picknick
Korbe gibt, nur vorsichtshalber
nachgeschaut und gemessen,
weil man sich so sehr liebt!

~~~~

Treibholz am Strand den Tag lädt zum
träumen ein,
getrieben aus Sehnsucht ins offene Meer,
von vieler fremder Länder Strand, schon
oft angeschwemmt,
um dann gestärkt und getränkt, nicht
gebrochen, wieder in der Heimat am
Strand zu liegen,
sich in Gänze nicht mehr zu biegen,
nur träumen, Tag für Tag!

*F*riedvoll das Meer sagt leise Good bye,
dem Matrosen, der sich langsam
aufsteigender See auf seine letzte Reise
gemacht,
um an Land für immer in seinen Hafen
zu gehen, nie außer acht, seiner einzig
wahren Liebe, der er täglichen
Spaziergangs weiter den Hof macht!

~~~~~~

*F*reiheit, welch schwacher Moment,
stolzer Brust, Freiheit,
einst junger Wort Tatendrang,
sehnsuchtsdurchtränkt ich Treibholz
verstehen kann, nicht um unterzugehen,
sondern getränkt, gestärkt, in aufrechter
Natur nicht mehr Baden zu gehen!

~~~~~~

*E*in Tag am Strand sich neigt dem Ende
zu, schien fast als sei ein Krieg geführt,
der den Strand gar hat berührt,
die Leiber nicht mehr unversehrt, genug
zur Schau getragen,
wird tapfer abends in Buttermilch
geschwommen, um am nächsten Tage
Sonnenstrahl wieder im Sande sich zu
ahlen!

*D*er kleine Klaus, sehr fröhlich in die
Schule rennt,
da kommt zur Seite der kleine Fritz,
hat Vaters Pistole mit,
kann sie kaum halten, ist fast größer als
seine eigene Statur,
um sie Klaus vor zu halten,
los, rück Geld und Handy raus, wenn Du
petzt wird's weitergehen, ich lösch Euch
alle aus,
so geht der Eine traurig Heim,
stumm sein Leid zu tragen,
der Andere ganz fröhlich ist, sein Vater
abends stolz bei ihm sitzt, ach schaut
nur, ruft er die Verwandten auf,
wie schnell doch unser Fritzi lernt,
ganz der Papa, sogar mit Waffen kennt
er sich schon aus,
hab ich ihm alles beigebracht, so hat
Papa seinen Fritzi gern!

*W*undersame Blume eine Rose ist,
verführt mit lieblich süßen Duft einen jeden,
die Blattform in schön geschwungener Form,
ihre Farben erstrahlen in den schönsten Prismen,
wie sie sonst nur in fabelhaft trunkenen,
tiefgründigen Gesichtern zu lesen ist,
und doch wenn man nicht achtet sehr der kostbaren Statur,
sie zeigt sofort ihr anderes Gesicht,
rächt sich, wie es nur vermag unsere wundervolle Natur,
darum rate ich einem Jeden dann, achtet nicht nur auf den ersten Blick,
sondern schaut Euch den Sitz der Dornen vorher genau an!

Funken schöner Götterfreuden

*S*ollte es so für dich sein, schaue jeden
Tag nach oben,
Danke das du hier sein kannst,
freue Dich Tag ein Tag aus für all die
Fülle um dich herum,
Dein Herz füllt sich mit warmen
Säuseln, einem zartem Hauch der Liebe
für Mensch und Tier,
diesen köstlich süßlich verführerischen
Duft des Lebens, verströmen tausend
Engel hier, nur für Dich,
weil Du den Götterfunken auslöst,
köstlich, ein so schönes Leben zu sehen,
Danke jeden Tag dafür und der Dank
wird manifestiert in immer mehr der
Guten Kraft und Guten Tat, die Ihr
aussäht auf Erden hier!

Zu wachsen ist …

für den Einen den lang ersehnten
Schulabschluss zu schaffen,
für einen Anderen den Führerschein zu
machen,
was auch immer es für Dich bedeutet,
denke groß und positiv und Du wirst
Kraft und Stärke erhalten, damit ist
garantiert, dass jeder Augenblick sich für
Dich materialisiert!

Liebe

*E*in Quell voller warmer Gedanken, ein
zarter Strauß Sommerblumen in der
Hand, lieblich wie ein Sonnenstrahl an
der Wand, so stark und verlangend wie
ein reißender Ozean, ein Sturm im
Walde, ein glucksender Moment eines
Kindes, vergessen im Spiel,
zart, rein und unschuldig wie die mit
dünnem Puder überzogenen Flügel eines
Schmetterlings, eine aufblühende Rose
im Sommergarten, ein inspirierender
Kraftspender eines jeden Augenblickes,
zu füllen von jedem selbst,
mit genügend Achtung, Treue und
Respekt, so wird die Kraft sich
vervielfältigen und Dich auf all Deinen
Wegen sicher tragen. Schön wer ein
Herz voller Liebe hat!

Lavendel

*L*ange schon verehrt, verkocht und
verzehrt ohne genau zu erahnen, was
diese wundervolle blaue Kraft für eine
segensreiche Macht auf Erden hat,
im Tee gibt sie uns Ruhe, zur
Entspannung im Öl, sie sich gerne stellt
vorher kühl,
zu Marmelade verkocht, süßlich,
köstlich bis zum letzten Tropfen ein
Gedicht, leise und still ergänzt er den
Nektar gar fleißiger Bienen oder tröstend
Dich badet, labend am verführerischen
Moment eines guten Likörs,
im Raume gibt dieser liebliche Geruch
Kraft und Sicherheit Teil eines Ganzen
zu sein, dazu wir unsere Hände damit
waschen fast wie in Unschuld, selbst so
gierige kleine Gesellen, die sich gerne an
den Zellen unseres Körpers oder
Kleidung gütlich nagen, vertreibt sie mit
zart erhobener Hand, still, fast mahnend,
stumm ergeben, königlich,
so viel Kleines auf Erden ist in Wahrheit
Groß und Göttlich!

*E*in Tag voller Freude,

wie sieht er für Dich aus? Möchtest Du
ein Gedicht darüber schreiben?
Ein Bild dazu malen,
ein Buch dazu beschreiben oder ein Eis
essen mit großer Freude?
Egal was es auch immer für Dich ist,
Hauptsache Du bist glücklich!

Ein Moment der
Begierde

*B*egierde was steht hinter dem
verführbarem Wort, dem Augenblick
in einem scheinbar endlosen System,
ein sexueller Reiz, ein Wunsch nach
etwas Besonderem,
der Schokolade aus Südamerika,
dem Salz vom Fuße des Himalaya,
dem Wissen, das All wir in uns tragen,
Begierde hat viele Gesichter,
welches dieser, trägt es in Deinem
Antlitz wieder?

Ein Leben voller Fülle

Zu schwelgen wie Gott in Frankreich,
ist Gott denn nur dort geschwelgt?
Und wie sah es wohl aus?
Was würde er dort bereiten? Käme es
einem Abendmahl gleich, ist denn
für Gott Essen wichtig, oder schweift
sein Blick auf All die Stätte seiner
Schöpfung?
Ist denn der Ausspruch wirklich richtig?
Wird Gott zu Wein, Weib und Gesang
sich bekennen oder ist er einfach nur
glücklich über all die farbenfrohen
Facetten dieser herrlichen Pracht auf
Erden, die wir wunderbarer
Götterfunken habt Dank, auch
verspeisen und vertrinken dürfen,
verarbeiten wir mit viel Liebe hier, die
Nahrungsmittel, so danken sie es im
großen Stil, sind dann auch bereit uns
positive Schwingungen zu verleihen,
ach wie herrlich diese Fülle hier auf
Erden ist, so bleibt uns zu beachten, dass
auch das Tiere im Leben geachtet und
geschützt ist! Danke dafür!

Wunderbar

*W*under gibt es immer wieder, kennen
diese Zeile sogar aus Liedern,
nehmen sie oft nur für andere wahr,
was in Deinem Leben schon an Wundern
geschah? DU bist geboren,
Wunderbar, ich danke DIR!!

Freundschaft

*W*ichtigstes Gut auf Erden,
oft im Leben uns so genannte Freunde
begegnen, viele Menschen streifen uns,
sind uns einige Zeit nah, doch durch
Worte oder Taten auch schnell wieder
fern,
gerade in unserem Arbeitsumfeld,
wo Beruf und Berufung ist
gleichgestellt,
sind ehrliche Seelen mit klarer Struktur,
wahrem Charakter und großem Herz,
gar Edelmut, wichtig wie nie,
vergessen da schnell wer lesen oder
schreiben kann,
wenn wir ratschen fließen unsere
Energien eh zusammen,
verschmelzen in Gänze oder treten im
rechten Moment den anderen dann,
lügen uns nicht oder schreien uns an,
verstecken uns nicht hinter maskenhafter
Statur, lassen nicht mit ehrlichem
weiterentwickelndem Lob oder auch
Kritik hinterm Berg,

wenn wir uns nicht durch unsere Engel
gefunden hätten, sage ich,
mir würdest Du als zweite Hälfte meiner
Person fehlen,
daher danke ich für dieses
Gottesgeschenk, mit Dir lern ich das
Wort Freundschaft neu kennen!

- DANKE -

~~~~

Wenn Energien sich teilen

Zieht wie Kaugummi Dein
Wohlbefinden sich in dicke Streifen,
die eine Seite zeigt Dir Dunkelheit und
große Anteile der Vergangenheit,
die Andere, die Helle Seite geleitet Dich
zu ungeahnten Stärken, schlummerten in
Dir ganz tief, wie diese Gegensätze nun
vereinen? Zu führen an den
geheimnisvollen Ort, die Dunkelheit im
transformalen großen Lebensprozess zu
lenken, erkennen und zu führen,
diese Leidenschaft zu spüren die
schönste und größte Reise zu sich ist nun
das Ziel, mit Flughafen Wohnzimmer
und Abfertigung in der Haupthalle
Deines tief, nicht schlafenden
Bewusstseins,

sich zu verbrüdern mit den Seiten die
fremd und unversöhnlich, zu ungleich
erschienen, doch nun, von der höheren
Warte aus, ist gar nicht dunkel, eher ein
leichter Nebel auf dem Gefühl,
so arbeitet der wahre Kern, nicht mehr
geteilt, sich vor bis an sein Reiseziel, der
tiefen Seelenpracht, verpackt als
schönstes Geschenk des Himmels der
schützend über dem Prozesse wacht!

~~~~

Wenn Engel reisen

Merken wir es täglich, die Luft riecht
süß und lieblich, angenehm und
friedlich,
das eigene Gefühl wirkt zart und tief
harmonisch,
die Muse küsst uns und unsere
Inspiration zu kochen zu lesen oder gar
zu schreiben ereilt uns flinken Schrittes,
einzigartig das Gefühl, so achte auch Du
jeden Tag auf die Schwingungen in
Deinem Haus,
schon wirst Du merken wie lange sie
Dich schon besuchen, Tag ein, Tag aus!

Zellen möchten sich vereinen

*U*m so den größten Reigen des menschlichen Bewusstseins zu vereinen, sich im lustvoll flinken Schrittes zu vereinen, dem wohltuenden Hochgenuss, als Zellmaterial erst zu vereinen um sich dann in Gänze zu teilen.
So lange bis auch wir verspüren ein neues Leben hat nun begonnen sich mit Wonne in dem schützenden Mutterschoß einzulagern, bis aus vielen kleinen Zellen ein Herze schlägt, ein Körper wächst, um so dem stetig höher werdenden Druck des Mutterleibes zu entfliehen mit jeder Wehe ein Stück nach vorn, bis, siehe da, aus der Zellteilung ist ein wunderbares Kind geboren.
Einen größeren Stolz und Wonne gibt es für Eltern nicht, so kann ein jeder danken für diesen göttlich gegebenen Augenblick! Leben!

Zwei Engel auf Erden,

sollten, nein, konnten sie nur werden,
Emelie und Luca,
Kristallkinder der neuen Generation.
Vom ersten Tage an der Geburt
schauend, fordernd und monierend
sind Kristallies enorm anstrengend doch
faszinierend, so genießen wir einen
jeden Moment die diese Kinder einen in
Atem halten um zu gestalten ihre Welt,
die nicht nur Mama und Papa auf Trab
dann hält!

~~~~

Kinder auf Reisen,

ist der Koffer mittlerweile genauso groß
wie, der, der Eltern,
benötigt wird natürlich passendes
Beinkleid zum elfenbeinfarbenen Pulli,
dazu das passende Strick für darüber, ein
farblich abgestimmter Schal wärmt das
Genick,
während der Kopf recht edel im
Designermützchen spazieren fährt,
zu erwähnen wären noch die vier Paar
Wechselschuhe, abgestimmt aufs Outfit,
nicht aufs Wetter,
so flanieren sie seit dem Tage ihrer
Geburt,
heute wird den Kleinen nicht nur laufen
gelehrt, nein! Sobald sie stehen und von
alleine gehen,
wird auch shoppen gegangen,
so wiederholt sich das
Generationenstück ca. alle 30 Jahre und
immer wieder sind alle
ganz verzückt!

Emelie nascht so gern

*M*orgens kaum die Augen auf, wird
schon nach Milch und Schoka verlangt,
wenn die Großmutter nicht sofort zur
Stelle ist, dann wird das Verlangen mit
schreien und hinwerfen schön gestützt,
ist dann erst einmal das Bäuchlein voll,
wird eine Minute rumgehampelt und
Platz geschaffen, so ein Kindermagen
scheint sehr elastisch zu sein, denn in
Windeseile geraten auch Brot, Kekse,
Salami und Hundefutter hinein, beim
wilden Reiten auf dem Schaukelpferd
wird alles kräftig vermengt und gut zum
Ausgang transportiert, das ist einer
dieser Momente, dann wenn Stille
einkehrt in den Raum, alle bedächtig den
Atem anhalten und an die Decke
schauen, kaum das es erledigt ist,
schreit und schmeißt sie sich auch
wieder, wie in einem Science-Fiction-
Roman, es fängt immer wieder von
vorne an!

Danke!

*D*as es Kinder gibt, was hätten wir ohne sie gemacht, wo kam früher nur all die Freizeit her?! Saubere Böden, Küchen ohne Geschrei, Telefonieren am Stück, oder entspannte Augenblicke auf der Couch, dank der Kleinen fällt das nun aus, doch erscheint es wie ein Zaubertrick, denn trotz aller " Entbehrungen " scheint`s, als sei man jetzt erst glücklich!

Engel

Engel, welch geflügeltes Wort,
sind nicht greifbar und doch hier und
dort, stehen einem jeden zur Seite,
brauchen kein Ego um Dich zu geleiten,
ist einfach ihr Wesen ihre Struktur,
zu zeigen ich helfe Dir, Dir weil Du
besonders bist, wie jeder Mensch, der
mit ihnen spricht und so um Ihre Hilfe
bittet, denn ungefragt dürfen sie es nicht!

Wolkenhaus

Wolkentanz Tag ein Tag aus,
türmen und schieben drehen und biegen,
zum Einschlafen gar pünktlich, die
Schafe am Himmel sind zu sehen,
auch für Halloween ist gesorgt, gruseln
uns düstere Fratzen sehr,
dann wieder Federleicht geschwungen,
zarte weiße Tupfer am Himmelszelt,
erst wenn es grau in grau sich stellt,
erinnern wir uns der Schönheitsritte,
oben im Wolkenhaus Tag ein Tag aus!

Erzengel

*E*rzengel reisen mit großem Gepäck,
sie haben dabei, einen Fön für die
Flügel,
Wachs für den Glanz,
Seife falls Schmiere ihnen spritzt auf den
Körper und trügt diesen Glanz,
ein Walkie-Talkie, falls jemand stört die
Frequenz,
und um ein Haar sie es vergessen hätten,
natürlich ihre ganze Engelschar,
Halleluja!

Ein Engel einem täglich begegnen
kann, wie ein Jeder will,
doch Vielen, denen es gut ergangen,
zweifeln sehr daran,
erst wenn das Schicksal schlägt einem
Haken, erkennen wir das Licht, in das
man zu Lebzeiten noch nicht gehen
muss, es ist das helle göttliche Licht, das
über Dir scheint, trage tapfer Dein Leid,
Du wirst geführt und gehalten,
so wird immer ein Engel bei Dir sein,
es ist schön, Deine Liebe zu sehen, die
tief in Herz und Hirn Dir innewohnt,
so trage Dein "Materielles Ich" stolz und
aufgebäumt durch jeden Tag,
denn ein Jeder ist ein Besonderer so wie
Du und Ich, also lebe, Du bist stark und
höre nie auf zu träumen! Der Himmel
sich verbeugt, und sie geben Dir, bis Du
einmal zur Himmelstür gelangst, Dein
tägliches Geleit!

Zorn der Engel

*E*s fing alles harmlos an,
die Engel standen friedlich so im Chor,
plauderten munter hier und dort,
sahen mit Stolz die dunklen Engel an,
die eigens von weit her geflogen, um
sich am schönen Klang der Engel hier zu
berauschen!
Einigkeit und Glück sie freite,
als plötzlich da von rechts ein paar sehr
dunkle Gestalten sich machten
zu ihnen auf den Weg,
sie sahen so blass aus, mit strenger
Kleidung, fast militärisch sogar,
die Engel sahen sich besorgt an, ob es
den Kindern nicht gut ginge?
Gab es denn noch immer Skorbut auf der
Erde? Alle Kinder ohne Haar, vielen
fehlten Zähne sogar, konnten sich
scheinbar nur noch durch flüssiges
ernähren, marschierten in nicht wirklich
himmlischen Sphären und umstellten
jetzt den Engelchor, den Engeln wurde
kalt und heiß und keiner traute sich nur
ein Wort zu sagen,

verstummt, eng aneinander gelehnt
standen sie da, erstarrt vor Spannung, die
in der Luft lag,
als plötzlich der kleinste Engel nun sich
in Windeseile in die Luft erhob,
das Herz fast aus ihm raus gepresst so
schnell es ihn in den Himmel schoss
um auf Gottes Schoß auszuruhen, zu
weinen, zu berichten, wie es gerade auf
Erden war, vertrauen haben Sie in die
Menschen gebracht,
"Gott habe ich es falsch gemacht, sollte
ich aushalten, warten und stumm
weinen?"
Gott nahm den Engel auf den Arm, ging
hinüber zu seiner Aussichtsstation
und gab den Engeln ihren Zorn zurück!
Nicht jedes Leid, das Menschen
errichten, sollt in Demut ihr ertragen,
sollt die Menschen nicht vernichten, nur
Gerechtigkeit soll auch weiterhin tragen!
So geschah das alle Engel nun im Chore
sangen unüberhörbar laut, dass selbst
die geworfenen Steine sich verwandelten
in Staub.

Diese weise Übermacht, die komisch
blässlichen Gestalten machte sie sehr
verhalten,
so hörten sie ihren Anführer nicht, der
schrie " weicht nicht zurück!"
Sie fingen zu weinen an und waren
geläutert ihrer Taten ein Leben lang,
so seid gewarnt ihr Menschen,
Eure Taten, es gibt ihn wieder, den Zorn
der Engel unwiderruflich!

~~~~

Dürfen Engel Liebe machen?

*E*inst vom Himmel ausgesandt,
fröhlich, lustig mit scharfen Verstand
und großem Herz,
die Engel sind es, die sich oft stoßen mit
Schmerzen ihr Herz,
sie retten die Menschen, sie bringen uns
Licht, selbst aber erfahren sie Liebe
nicht, so machte sich ein vorwitziger von
ihnen zum Himmel auf und fragte bei
Gott einfach nach,
der schaute verwundert den Engel an,
so was, lächelte er, warum habt ihr das
denn nicht schon eher vorgetragen?
Ich wüsste nichts, was dagegen spräche,
ein Engel der liebt, doch viel zufriedener
ist, natürlich, flieg auf die Welt nun
runter, streue rote und rosa Blumen über
das Land für alle Engel und auch für
Dich, so geschah es, das Wunderbare,
nun, die Engel traten nach vorn und
erlagen diesem wunderbaren Duft der
Liebe,

der sich über das Land schob,
die Tränen der Rührung sich langsam
durch ihre Kanäle zog, Juchheißa, eine
neue Zeit, in der auch ein Engel in
Gänze weiß, was Liebe heißt,
so zogen sich einige von ihnen sofort
wohlig erregt zurück,
tragt dieses Gefühl weiter, pudert auch
die Menschen damit,
Liebe ist eine starke Energie mit vielen
Formen und Farben,
nur wer wirklich lieben kann ist hilfreich
für Dich und mich!

~~~~

Geschichten aus der Nacht, zur guten

*E*inst ein kleiner Engel sehr traurig
geworden war, noch zu klein, um auf die
Erde zu gehen, er malte sich in Träumen
oft aus, wie es wohl wäre
ein Held zu sein, bekannt und hilfreich,
wie es einige schon gab,
ja, er würde dann zu den Menschen
gerufen, in Büchern beschrieben, zu
Fernsehsendungen getrieben,
dürfte mit Dieter Bohlen Autogramme
gar geben, ach, was wäre das für ein
schönes Leben, nicht mehr um Achte
aufzustehen, in Ruhe ganz spät ins
Bettchen gehen, keiner, der einen zur
Engelschule treibt,
essen und zu trinken gar, was nicht nur
einem Engel schmecken kann,

zu fliegen und zu preschen, alle
Menschen in Not zu retten,
immer zur rechten Zeit da zu stehen,
ach wäre das schön,
was war das? War da ein Geräusch? Ein
Summen und Krabbeln an der Wand?
Ein Knistern, Knastern?
Will es sich in meine Richtung
bewegen?
Da fröstelte es den kleinen Engel sehr,
so dunkel in seinem Bett, er tauchte
schnell unters Deckchen ab,
überlegte noch beim Einschlummern,
bin ich froh, dass ich noch klein bin
nicht schauen brauch, so gebe ich doch
auch gerne an einen großen Engel ab,
nun schlief er ganz schnell und zufrieden
ein, Gute Nacht!

~~~~

*W*ie Gott einst versammelte sich seine
kleine Engelschar,
er schaute schon etwas ernster drein,
ganz besorgt sogar,
da standen sie, ganz fein gemacht um zu
lauschen seiner Worte,
„Ich mache große Sorgen mir um das
Wohl der Menschenkinder",
es wird immer mehr Licht gemacht, es
ist des Nächtens nicht so toll,
nicht für die All Bewohner, noch für sie
selbst und die Natur,
es findet keiner mehr Frieden hier, alle
sind Tag und Nacht auf den Beinen,
selbst am Wochenende, Feiertags, keiner
hat mehr Zeit für sich,
da werden selbst so manchem auch noch
freie Tage genommen,
damit noch mehr geschaffen wird, ob es
dadurch schneller geht?

So beklagen sich selbst die Tiere nun,
die Insekten und Bäume schon,
es ist rund um die Uhr viel zu hell,
keiner schafft mehr richtig auszuruhen,
deshalb rief ich Euch, fliegt gleich runter
zur Erde um den Menschenkindern noch
mal ganz genau zu erklären, was
bedeutet auszuruhen,
dafür soll es dunkel sein,
so schwirrte und summte es in dieser
einen Nacht, sie schlichen leise in die
Zimmer und flüsterten den Menschen
liebe Worte ein, erklärten mit zarten aber
nachhaltigem Ausdruck das sie nicht
alleine seien, einige im Universum
auch nicht glücklich sind, als der letzte
Mensch besucht war, flogen alle schnell
zurück, berichteten Gott sogleich von
ihrer Mission, der stolz auf seine Engel
blickt, sie selbst ins Bettchen schickt,
Ihr seid was ganz besonderes, nicht nur
für mich!

Oh, vernahm man ab dieser Nacht die
gleich schon dunkler wurde,
fürchtet Euch nicht davor, es ist zu
eurem Besten,
sollte es im Dunkeln Euch fürchten gar,
es gibt für jeden seine Engelschar,
halten schützend ihre Flügel über jeden,
der sie ruft, um Trost zu geben oder auch
den Schutz!
Darum schlaft jetzt ruhig zufrieden ein,
Ihr werdet gehalten sein,
Gute Nacht!

~~~~

*E*s war ein Tag im April,
da stand fast die Erde still,
im Himmel es ganz leise wurde, war
etwa ein Engel ausgebüchst?
Nein, es waren zwei, vorwitzige Kleine,
wollten die Freiheit spüren, nicht
eingeengt im Himmel schweben,
nur auf die Erde schauen,
so flogen sie ohne Verstand und rechtes
Ziel hoch und weit hinaus
in das All, vergessen alles Essen,
Trinken oder gar das Flügelprofil,
sie flogen lachend und jauchzend der
großen Freiheit entgegen,
um auf Sirion kurz auszuruhen,
Gott bemerkte derer beider Verlust
schnell, sandte zwei der großen Engel
aus, um nach ihnen zu suchen,
mit eingekickten Flügeln,
einer weinte gar, vom Heimweh
getrieben, dem anderem taten die Flügel
weh und hungrig zugegeben,

so lehnten sie aneinander nun, um sich
ein wenig Mut zu machen, sich zu
stützen, es überkam sie ein komisches
Gefühl, was ist, wenn wir nicht nach
Hause finden? Unsere Flügel uns nicht
mehr tragen, da fingen beide fürchterlich
zu weinen an, die ersten Tränen trafen
die großen Engel auf die Nase,
so schauten sie genauer auf und sahen
die beiden Kleinen,
die sahen voller Freude die Großen an,
ach, sagten sie, wir sind so froh, die
Freiheit war bedingt nur schön,
wir wollen lieber wieder heim,
so flogen alle vier zurück in ihren
Himmelstab zu Gott, der beide
schmunzelnd an sich zog,
einer fing zu schniefen an, wir machen
es nie wieder, da fing der ganze Himmel
zu lachen an, das haben vor Euch so
viele schon gesagt,

und doch probieren es die Einen oder
Anderen immer wieder aus, keine Sorge,
wir lieben Euch sind froh, ihr seid
zurück,
nun geht in Eure Betten schnell, um
noch etwas zu schlafen,
morgen fängt ein neuer Tag an und wer
weiß, was er Euch bringen kann,
so schnell die Augen zu, ruh auch Du,
Gute Nacht!

~~~~

*N*un denn, mein junger Freund,
verbeugt sich nun der Engelchor, vor so
einem Sachverstand, beschämt und
berauscht der Antwort schöner Klang,
wie einst ein kleiner Engel seinen Weg
in die Welt begann, voll Freud und
aufrechter Statur allen Widrigkeiten des
Lebens gern zu trotzen, die Flügel in
sonnentäglichem Glanz mit Wachs auf
höchste Ebene frequentiert, doch schon
einige Flugminuten dem Glück
entgegen, bekam der Engel kalte Flügel
nun, er setzte sich in den höchsten
Baumwipfel um auszuruhen, ein Blick
nach unten, was die Menschen tun, ein
Blick zurück, er erschrak, den gab es
nicht, es schoben sich die Wolken vor,
was nun, ich wollte doch die Menschen
studieren, so wie sie täglich zur Arbeit
gehen, oh weh, ihr Flügel, weh mein
Herz mir wird, ein Engel mit Flügeln,
wo soll er nur hin, wie soll er unbemerkt
zur Arbeit gehen, mit den herrlichen
weißen Hermesschwingen wird ihm das
wohl kaum gelingen, so fing er bitterlich
zu weinen an, als die erste Träne zu
Boden viel,

ließ Gott sein gnädig Herze walten und erließ dem Engel sichtbare Schwingen, um auf Erden mit Menschen zu sein, unverrichtete Dinge soll er so vorantragen, auf das die Menschen wieder lernen Gott wird immer zu ihnen stehen, er bedarf nicht großer Reden wie wir es von Menschen in vielen Ämtern gern vernehmen, er wohnt in jedem, wenn wir ihn in uns erkennen, so leben nun viele kleine Engelein unter uns und tragen, mit zauberhaften Wesen, uns unser Leben grad entgegen, so nimm auch Du diese Hand einfach an und Dein Leben fängt ganz neu an! Auch Dein Tag möge getragen sein und produktiv, einen selbig schönen, bis das Du schliefst, getragen in die Nacht hinein um sanft auf den neuen Tag zu freuen!

~~~~

Mitsommer

*D*anke - lassen da die Engel sagen,
wollen doch den Menschen erlittenes
Leid nicht klagen,
außer dem Male, als es zum
Sonnenuntergang ein Engel
nicht aushielt, einfach so und ungefragt,
preschte durch die Himmelstür,
bevor sie schloss,
erst spät in der Nacht fand man das leere
Bettchen dann,
die anderen Engel fragten:
„Wo ist er hin?"
„Will er nicht ruhn?"
„Was sollen wir tun?"
So ging dann kurz vor Mitternacht im
Himmel noch mal das Licht an,
um einen kleinen Engel, der ausgebüchst
ist, nur nicht zu übersehen,
da schreckte auch Gott nun auf,
bei all dem hellen Licht,
Engel was macht ihr da, so geht das aber
nicht, ihr weckt ja nicht nur den Himmel
auf, sondern auch die Menschenkinder,

wie sollen wir es ihnen erklären, dass in
der Nacht der Himmel wird hell und
munter? Da vernahmen sie ein leises
Weinen gleich am Eingang vorn,
es war geläutert Engelein, vor Trauer
halb erfroren,
und als die Himmelstüre schwang, er
Gott in seine Arme sank,
hab vielen lieben Dank,
ich werde nie mehr davon mich machen,
es war allein nicht schön,
so dunkel war`s am Boden nun, die
Menschen wollten ruhen,
ich konnte den Weg nach Haus nicht
finden und ließ schon meine Flügel
sinken, als ich vernahm der frohen
Botschaft hellen Segen klar,
tagschön ich nun nach oben flog, direkt
in Deinen Arm,
die Menschen haben es auch gesehen
und damit sie keine Angst erleiden,
wird einmal im Jahr das Himmelslicht
angeknipst,
ein großes rauschend Fest,
so bleibt es ob oben oder unten als
schöne Erinnerung zu sehen!

~~~~~~~~

Die kleinen Engel
Emelie und Fabian

*F*ingen schon sehr früh an die Welt zu
entdecken, so wie das eine Mal,
als Fabian nicht gleich nach der
Engelschule nach Hause kam und
Emelie sich Sorgen machte,
schaute in jedes Klassenzimmer,
da war er nicht, da auch nicht,
wo ist er nur hin,
Tränen rannen ihr durch das kleine
Gesicht, was ist wenn ihm was
zugestoßen ist?
Er aus der Himmelstür entwischt bevor
Sie zugegangen ist?
Da hörte Sie aus einem der hinteren
Schränke, Gekicher und Geknalle,
sie lauschte erst ganz aufgeregt und ging
den Geräuschen dann entgegen,
vorsichtig öffnete sie den Schrank,
klar, da saß er, Fabian,
schaute erstaunt sie an, Emelie, was
machst du hier,

Sieh mal was ich gebastelt hab, mit all
dem alten Zeug was wir im Unterricht
nicht mehr in Benutzung haben,
Emelie ging verdutzt einen Schritt
zurück, sah ihn mit ihren großen Augen
an, Fabian, es sieht unheimlich aus, was
ist es denn? Fabian, die Hand abfällig in
ihre Richtung schwang, ach verstehst Du
eh nicht, Mädchen kichern den ganzen
Tag oder polieren sich die Flügel,
komm sag schon fing Emelie zu
quengeln an, Fabian holte tief Luft, bitte
sehr, ich versuche es Dir zu erklären,
also, erst wollte ich einen Roboter
bauen, dann doch ein Auto,
jetzt ist so was wie ein Motorrad daraus
entstanden, Emilie zog die Brauen hoch,
also recht hat sie es nicht kapiert,
wie, das soll ein Motorrad sein?
Ich hab so was mal bei den Menschen
gesehen, dass sah ganz anders aus,

sie zog es ihm aus der Hand, zerrte hier
und da, knickte und knackte, klebte und
pappte, so, sagte sie, mit
stolzgeschwellter Brust, sieht ein
Motorrad aus! Mensch Emelie, das hab
ich die gar nicht zugetraut,
dass Du außer Flügelputzen noch was
kannst, bist echt ein dufter Kumpel,
und so flogen sie still und zufrieden
jeder zu sich nach Hause,
getragen vom Herz der Freundschaft und
des Glückes diesen Augenblicks!

~~~~

Brief an die Öffentlichkeit und Presse

*S*o wird ein jeder Mensch gezogen,
wenn einer auf des Adlers Schwingen
steht, wird viel Gutes über ihn verkündet
doch, man darf ja fast nicht ruhen,
denn mit Ruhm und Ehre sich
beträufeln, sehen Menschen gar nicht
gern, so sind ganz Findige von ihnen
ausgezogen, um als Paparazzi Geld zu
verdienen, sie saugen an dem Objekt
ihrer Begier, verstecken sich, lauern in
den dunkelsten Ecken auf Dich,
brauchst keine Bodyguards mehr fragen,
zum Geleit sie Dich mit Fotoapparaten
tragen, taghell der Apparate Klang,
fast schon unverschämt die
Aufmerksamkeit, die einem im
Rampenlicht entgegensteht,
so wäre es ein schöner Verband wenn es
nicht auch die andere Seite gäb,

es wird alles umgedreht, das Leben
plötzlich Kopfe steht, die schlimmsten
Geheimnisse, gefürchtete Pannen,
es wird vor nichts zurückgeschreckt,
darf Liebe denn soweit gehen,
dass wenn wir im Rampenlicht stehen,
es viele Trittbrettfahrer gibt, gut, die
Lieben, Guten, Netten trägt man mit,
nur die, die es einem neiden, die sollten
wir schon meiden, keine gute Energie in
ihnen steht, sie suchen nach allem, was
widerlegt das Talent in einem schläft,
versuchen die letzte Scheiße bei einem
zu finden, und da greift dann Gott auch
ein, denn wie uns bereits bekannt
worden war, ist Scheiße ein sehr altes
Naturprodukt das wir alle in uns haben
und mit dieser Erkenntnis läßt es sich
selbst mit unseren Neidern gut leben.
Ob Paparazzi oder nicht!
Gott segne Dich!

Gott ist in sich ein Universum,
er braucht kein Institut,
wer fest in seinem Glauben steht, lernt
den Weg zu sich,
zu seinem wahren Selbst,
Rotwein ist für die Besinnungslosigkeit,
nicht für Dich und mich,
Arbeit trägt Dich in den Weg der
Erkenntnis, nicht in Reichtum,
denn Reichtum ist der wahre Kern, der
in uns ruht,
weissagende Engel sind zum Berühren,
Erwecken und Erinnern,
so wohnen Glaube, Hoffnung und
Zuversicht in uns weiter,
erhellt durch göttlich weißes Licht!

*T*rage es mit Haltung und Würde,
verschließe nicht Dein Inneres,
sondern nehme es als sanften
Fingerstreif des Himmels an,
Talente werden nicht geschaffen,
sondern geboren, so nutze es für Dich,
und Dein Weg wird immer ins Vorwärts
gerichtet gehen, blicke nie in Wehmut
und Trauer zurück, sondern voller
Freude nach Vorn, denn nur aus
vergangenen Tagen und Taten
entwickeln wir uns, ein Leid ist zu Ende
wenn wir nicht mehr leiden wollen,
eine Liebe nur dann für immer verloren
wenn wir uns selbst nicht mehr lieben,
deshalb sieh das Schicksal als Deines an,
nicht Schicksalhaftes wird Dich tragen,
sondern das Gewissen, Deine Seele und
Deine Zuversicht, daher verinnerliche
das, was Dich wirklich berührt und frage
warum es Dich berühren kann,
schließe es nicht ein, es ist ein Teil von
Dir, lass es frei und lerne zu Leben und
zu Lieben - so regelt sich alles engelhaft
von alleine!

Leben

Ein Tag wie dieser lädt zum Verweilen ein, Treue und Harmonie gepaart mit geistig, fröhlich, friedlicher Co-Existenz, kann etwas anderes im Leben wichtiger und schöner sein? Mir fallen da nur die Kinder ein, dessen Nabel uns einst verband, den Durchtrennungsschmerz das Leben ausbrannte! In Sekunden ein Leben gezeugt, geboren und die Grenzen des Lebens sich in Trennung zeigen, wollen nicht weinen, sondern jeden Tag neu bestaunen, uns an Kleinigkeiten erfreuen und diese zu unserer Größe wachsen lassen, schön, dass unser Leben sich kreuzt, auch wenn ein Leben gemessen am Universum ein Augenschlag ist, so ist doch gerade dieser Blick in vertrauter Zweisamkeit mir wichtig!

--- Ankommen ---

Wahre Liebe

Schöner Worte Klang,
gibt es was wunderbareres, als diesem
Tatendrang zu erliegen,
mit seinen Gefühlen zu steigen empor,
doch es ist ein kleines Nadelöhr,
das uns dann lässt fallen auf den Boden
der Natur,
ein Gedanke, sich von Jugend an leise in
unseren Köpfen breit machen kann,
zu flüstern Tag für Tag,
schau Dich an, sieh auf, spür, wer Dich
wirklich mag,
nur wie sollen wir erkennen, wer
wirklich der eine Mensch ist,
was soll meinem Herz ich sagen, wenn
es mir weh dann wird,
so fühle in Dich rein, spür Deine innere
Stimme,
sie wird nicht trügerisch sein!
Geh auf, in das Erwachsen sein, mit
stolz geschwellter Brust,
lächle in den Tag hinein
auch wenn Du spürst den Frust,

denke nicht jeden Tag daran
wird mein Glück mich ereilen,
sondern Liebe Dich ,
dann fließt es jeden Tag auch an Dich
zurück!
Wenn Du einen Menschen triffst, der
stark Dich gefangen hält,
schau ihn Dir ganz genau an,
ob er Dir auch wirklich gefällt,
schnell erlischt das rosa Licht,
und Du dann geläutert bist,
der wahren Liebe innerlich, stark
entrückt,
so atme wieder auf, ganz zart, wenn
nach des Wunden lecken,
ein neuer Mensch in Dein Leben tritt
noch mehr, heller strahlt als sein
Vorgänger, ist vergessen aller Schmerz
der Dir oft die Tränen in die Augen rieb,
alles hadern, zetern und nicht verzeihen,
vorbei, auch Standesamt, Kinder und
Kombiwagen plötzlich ein ganz anderes
Gewicht bekommen, kommt in Deinem
Leben nun anderes zum tragen,
es ist ganz klar, Dein Weg, den Du
immer gehen wolltest,
so freue Dich jeden Augenblick die
Deine Familie mit Dir und zu Dir steht!

*N*ackt der Tatsachen verschmähte Liebe
gibt es nicht,
verschmäht ist nur das, was das
Bewusstsein nicht fasst,
Wahrheit und Lüge, so unausgewogen,
erschüttert der Sicherheitsbalance die da
mal war, ernüchtert den Augenblick,
als Hoffnung aus der Sehnsucht wich,
klarer der Erkenntnis wahre Liebe gibt
es nicht,
nicht in der Form wie eine verträumte
Sehnsucht sie ruft in uns, erfüllt uns
ausgeschmückt die wir in Eigenliebe
finden, auf unserem einzigen Weg
zurück, Liebe Dich selbst stark und klar,
dann wird Dein Weg immer getragen
und wahr!

*F*riedlich ruht der See,
Gedanken strömen durch mich,
erdrücken nicht, tun nicht weh,
Liebe und Schicksal ruhen in uns,
wie der See den ich vor mir habe,
je mehr er in meinen Augen steht,
desto näher komme ich dem, was ein
jeder wünscht, in Frieden und Liebe zu
ruhen in sich,
grad so, als ob Gott durch uns spricht!

~~~~

*E*in Felsen und ein alter Baum vereinen
tiefes Wissen in sich,
müssen nicht ihrem Ego frönen,
das Erlebte in die Welt zu tragen,
sie verschließen es weise und sicher in
sich, bis der Mensch sägt und hämmert
an ihnen, um zu erhalten eine kleine
Einsicht, nur niemals das, was wirklich
geschehen ist!

*W*enn eine Liebe stirbt,
stirbt auch ein Teil des Lichts,
etwas das jeder trägt in sich,
so oft glauben wir, dass es nicht weiter
geht, doch bis zu unserem letzten Gang,
sind noch hunderte kleiner Lichter in
uns, die zum Tragen kommen,
ein Jedes erstrahlt oder erlischt,
wie gerade die Situation es vermag,
schön zu sehen, dass nach einem
dunklen Augenblick, folgt auch wieder
ein strahlendes Licht, getragen einer
neuen Liebe, bis diese erlischt!

Nur wer Mut hat zu lieben, kann vom
Leben reden,
nur wer den Mut hat sich redlich zu
mehren,
kann vom Wegweisen reden,
nur wer den Mut hat, nicht wegzusehen,
kann von Gradlinigkeit reden,
nur wer den Mut hat, seinen Weg zu
gehen,
wird nicht in seiner letzten Stunde
hadern mit sich!

Blind Date

Seinen Mut am Ende ihn verlässt,
Romantik sie doch träumen lässt,
wohlan um auszuruhen,
der langen Mühe, Suche das Richtige zu
tun, traf er in ihr Herz hinein,
ein schöner Sommernachtstraum,
mit dem sie jetzt in Gänze friedlich
schlummern geht,
um morgen voll freudiger Hoffnung auf
Antwort schneller aufzustehen,
morgendliche Grüße in großer Zahl sie
telefonisch ereilen,
laden ein, in einem alten Märchen
schöner Worte zu verweilen,
tapfer und stark sie nun ist,
gewappnet, gestärkt und gehalten durch
den Tag zu gehen,
sendet sie dem ach so irdischen
Verlangen gern ihr Postfach zu,
in spannend erregter Vorfreude, wie ein
Kind,
ihr die Adresse gerade so aus den
Fingern rinnt,

ist wie eine Woge der Liebe, umgeben
der Nebel eines jeden Beginns!
Sodann wir schauen, ob tatsächlich
Worte diese Brücke bauen,
getragen zu Dir, gehalten von mir,
sehen, was die Zukunft bringt,
ob es einen Augenblick zum Verweilen
gibt, getragen durch Tag und Nacht,
sich zu reiben ohne auszuruhen,
Zuversicht, Hingabe und Respekt erst
wächst, geben den Augenaufschlag
nimmer her, der uns kühn aneinander
bindet oder trennt, in Kürze dieses Band
ich Dir gesandt, kann nur sagen,
ich freue mich der Antwort
hellen Klang!

*N*un ja, nun gut, junge Dame,
 das Pferd gesattelt, die Stiefel geputzt,
den Aufzug in Gänze auf Sonntag
poliert, so schreibe ich,
so wahr ich hier sitz,
ein kleiner Tropfen der Boden grad
trank, ich glaube gemeinhin als
Angstschweiß bekannt,
wie trage ich die Worte nur vor,
soll nicht sein in aufdringlicher Statur,
was soll nur mein von anderen
unterscheiden, in Gänze nicht viel,
nur das Herz, das Gefühl,
für das geschriebene Wort,
so dann, es liegt nicht mehr an mir,
ob es auch sie streifen, gar berühren
kann, verbeuge mich und lausche
gespannt der Antwort dann!

Korb

*S*chmücke Dich nicht mit Gottes Gaben,
um nur ein Spiel zu spielen,
davon gab es schon auf Erden viel zu
viel, streunen herum, wie Hunde es einst
taten, sprechen von Liebe gar,
was bleibt ist der Glaube und die
Hoffnung, die innewohnt,
die Menschen mögen zu ihrer Liebe
zurück finden, es ist kein Zufall für Dich
und mich, Dein eigen Herz zu öffnen,
nur für Dich, denn wahre Liebe nur
wachsen kann, wenn mehr als ein Mann
sich an einer schönen Frau gar reibt,
es ist ein kleiner Moment, eine Illusion,
die schnell wieder zu Kleinem werden
kann, sobald dieser verlässt feucht
warmen Raum, das Salz in jedem von
uns fließt, nur, um es auf die Haut zu
tragen, ich muss es nicht erschwitzen,

so sind Dein Leben und meine Seele
nicht zu vereinen,
trage Dich weiter in seelenlosem Maße,
um zu glauben, dass Freiheit Mutter aller
Dinge ist, so, noch ein letzter Hinweis,
in Eigenliebe stehen, mit einem
Menschen zu wachsen,
zu teilen, zu binden ohne sich zu
verschnüren, nicht zu verbiegen, in
Gänze zu erliegen,
das ist der Fluss, den ich meine,
in dem ich mich erkenne,
so trage meiner Worte nichts nach,
jeder lebet sein Leben wie er es vermag!

~~~~

Verschmähte Liebe

*I*st eine tiefe und durchdringende Ebene,
die stärkste Energie, die uns hochhebt:
die Liebe,
so vernichtend steht die unerfüllte
verschmähte Liebe dem entgegen,
versuche dann Deinen Blick nicht
abzuwenden, sondern den Fokus gezielt
auf Dein Gegenüber zu halten,
warum erwidert Dein Gegenüber nicht?
Oder liegt es an Dir? Öffnest Du dich?
Wenn es auch nicht in Gänze geklärt
werden kann, so bewege Dich ins
Vorwärts, ohne klammernden Griffes
löse in Liebe und Respekt Dich, wenn
Du Dein Gegenüber so stehen läßt,
wird Dein Leben nicht einfach
verstreichen, sondern um so schneller,
Deine wahre Liebe Dich erreichen!

Seelenpartner

*W*er einst mit uns zugegen war, den
treffen wir laut unseren Vereinbarung
immer da, zu sehen und zu spüren,
einen Wildfremden und doch zu
erkennen, wir sind und waren immer ein
Paar, das ist echte Seelenverbundenheit
und öffnet ganz neue Möglichkeiten zu
lieben und im Vertrauen zu stehen,
zusammen mit unserem Seelenpartner
neue Wege zu gehen!
Schön!

Seelenzwilling

Wer einst diese Tiefe spürt, dass es
auch in Herzenstüren verschiedene
Öffnungen gab, zu stoßen weit oder zu
verschließen für die Ewigkeit, ist das,
was wir uns selbst auferlegen, in unseren
eigenen Gefängnissen zu leben, ist
unsere ganz eigene Vereinbarung am
Leben, wir halten so lange an unserem
Märtyrerdasein fest, bis unser
Seelenzwilling uns erweckt.
Wenn wir es zusammen vollführen,
wandelt sich der Berg und es wird
gemeinsam der Gipfel erstürmt, zu
wandeln im Licht und Liebe sich tiefer
Seelenliebe zu widmen gemeinsam vom
Seelenzwilling auf die Höhe des
Seelenpartners getragen zu werden, das
ist der Berg, den wir alle wünschen zu
erlangen, schnell und ohne weiteren
Schmerz!

~~~~

W.H.B.

*E*inst mein Freund und dann mein Mann, so turnen wir seit vielen Leben herum, um tiefe Erkenntnisse und alten Schmerz, zu wissen, wir gehören zusammen, unserer Vereinbarung nach Gemeinsamkeit und Liebe sich tief in unseren Energien versiegelt, doch die Zeit ist allem Verstand voraus, das Thema, an dem viele verzweifeln, sich nicht mehr dem Leben widmen, nur noch den Seelenzwilling pflegen, in der Hoffnung, die Gemeinschaft könne so schneller wachsen, doch siehe da, je mehr Druck im inneren Kern entsteht, je höher die Wahrscheinlichkeit, das alles Erlernte wieder in den Rückschritt geht. Ohne Druck und Zeit wandelt auch mein Seelenzwilling im Puppenstadium der Erkenntnis, darf laut kosmischem Gesetz auch seinen freien Willen walten lassen und aus Vereinbarungen aussteigen, ist das Pein oder Not? Nein, wahre Liebe ist Freiheit und nur wer wahrlich liebt, gibt das frei, was ihm wirklich wichtig ist.

So darf sich alles in wundervoller
Bummerrang-Manier entwickeln und
kommt im Kleid eines schönen
Blumenbankettes zurück zu mir, in
harmonischer Freundschaft oder ganzer
Liebe in allen Belangen ist es wahre
Liebe, ein gemeinsamer Platz im
Herzen, ist die Vereinbarung die immer
erlöst von der größten Sucht die wir
haben, besitzen zu wollen, was wir
lieben, in Eifersucht uns selbst zu
quälen, doch Lösung ist die Heilung hier
mein lieber W.H.B. ich Danke dir!

~~~

*M*enschen und Zuversicht - zwei
Komponenten, ohne Emulgator
Hoffnung gibt es nicht,
gespachtelt die Frequenz mit ehrlicher
Liebe gar, wird dieser zähe Brei
verrührt, zart streichfähig aufgetragen
das Band, so funktioniert die Ehe dann,
wenn auch nur in unseren Träumen,
aber auch die wollen wir nicht
versäumen!

~~~~

*G*esundheit ist ein sehr hohes Gut,
es ist wunderbar, wenn dieses Gut
umringt uns ohne größeres Bemühen,
fangen wir schnell das Hadern mit dem
Schicksal an, wenn sich stellen hier und
da, die Botschaften von Körper und
Seele ein, zwickt es dort, murrt es dort,
vergessen am Schnellimbiss, Kneipe
oder Restaurant,

die Dinge, die uns noch vor Stunden
stark bedrückten,
kaum das es nicht mehr zwickt und
zwackt,
wird nachgeschoben auf des Rücken
Last,
ungehemmt wir schlemmen dann,
Trinken bis zum Umfallen,
wann sollen wir geläutert merken,
ist es nicht doch besser zur rechten Zeit,
Muskel und Rücken zu stärken,
auch könnte das ein oder andere
Naschwerk einem Apfel gar weichen,
Sport unser Herz auch positiv kann
erreichen,
nur schade, dass nach jeder Wehe die
Abnabelung ist zu präsent,
so fressen, saufen oder hungern wir,
und bringen uns so in der
Wohlstandsgesellschaft um!

*L*iebeskummer lohnt sich nicht,
my Darling,
was störte mich schon immer an diesem
Satz,
natürlich der, der verlassen ist, hat so
richtig die Breitseite dieses Liedes
geschmeckt,
nur wird in jedem Leben mal sein
Gegenüber auch auf der anderen Seite
stehen,
dann wird eine fröhliche Liedzeile auch
ihm im Halse stehen, wie schön!

*L*iebe ist die Droge der Armen,
Liebe ist das, was selbst Reiche nicht
kaufen können,
Liebe ist alles wofür ein Jeder leben
möchte,
Liebe ist das einzige Gewächs, das zart
wie eine Eisblume am Fenster wächst,
Liebe ist die Frequenz, auf der unsere
Herzen positiv schneller schlagen,
Liebe ist sie einmal gegangen, läßt uns
am Leben sehr stark zweifeln,
Liebe ist alles und doch nichts, so lebe
immer in Hoffnung und Zuversicht,
damit Deine Seele nicht zerbricht!

~~~~~~~~

*A*rmut ist wie Reichtum ein
Geburtsstand,
nur Geborgenheit und Liebe zweifelt
nicht an der armen Mutters Brust,
eine reiche Brust versorgt Dich auch
nahrhaft und stark, doch ist es wichtig,
das Geborgenheit und Wärme fließt
durch des Versorgers Milch, da wird
klar, es ist egal, wie stark Dein
Portemonnaie ist, die Klarheit und Liebe
ist ein hohes Gut das nicht in Geld zu
bemessen ist!

Schmerz

*I*st lästig und zugleich auch schön,
wird er verwöhnt, bekommt er durch
Aufmerksamkeit Stabilität und wird
rasch etabliert auf der Lebensbühne der
eigenen Eitelkeit,
quält, piekt, stachelt und zwickt,
verschafft auf eine dubiose Weise
Aufmerksamkeit für sich,
die man als Erwachsener kaum sich
getraut so einzufordern.
Wird in Symbiose mit der schmalen
Psyche eines jeden daraus sein eigenes
Heldenstück,
immer präsent, dramatisch den Tod
immer in den Koffer gepackt,
läßt er uns doch zum Leben wenig Zeit,
wie auch, wir stehen ja im Schmerz,
können uns kaum noch bewegen oder
gar zur Ruhe finden,
ist doch praktisch mit unserem
Verbündeten zu leben,
den wir verbal oft attackieren, von Arzt
zu Arzt ihn doch verpönen,

verlagert er sich mal in das Bein dann in
die Brust, im Unterleib besonders sticht,
da ist die Verzweifelung am grausamen
Leben doch riesengroß,
wehklagend wir ins Bette gehen, um
morgens mit verhasstem Freunde wieder
in den neuen Tag zu gehen,
unser Märtyrerdasein uns täglich zu
bestätigen,
wahrlich, wie können wir denn leben?
Wie genießen des köstlichen Weines,
den Gott für uns vorgesehen,
muss doch ein großes Missgeschick der
Engel dazwischen liegen um uns das
nicht aus dem Körper zu nehmen?
Haben wir nicht wahrlich gearbeitet,
geliebt und hingekuckt?
Da braucht doch Schmerz nicht mehr
genährt zu werden, oder doch?
Was passiert denn mit ihm schicken wir
ihn fort? Wird es ihm dort so gut
ergehen wie bei uns?
Erhält er seine Aufmerksamkeit an dem
neuen Ort?
Und wie wird dann unser Leben sein?
Voll Freude und Sonnenschein, voll
Leichtigkeit und Strategie schmerzfrei
unser Leben zu vollziehen?

Wie soll das gehen? Was für eine
Strategie gibt es alternativ gesehen?
Was, wenn Sie nicht gefällt?
Schmerzfrei ohne Aufmerksamkeit für
uns und unsere Umwelt zu leben?
Spüren wir unseren Körper da noch
genug? Oder erliegen wir wahnwitzigem
Selbstbetrug?
Ist`s nicht viel besser beim Schmerz zu
bleiben? Der wird uns doch wie immer
von sich aus die Zeit vertreiben,
was fangen wir mit unser Zeit gar an
wenn alles ist rosa schmerzfrei
Sonnenschein?!
Mutig gehen wir im Selbstversuch einer
neuen Zeit entgegen, in der nur Freude
ist zugegen,
ohne Bedrohung Schmerz und
Wehklagen,
in Liebe, Vertrauen und Gottes
Zuversicht!

Wir danken dir Vater für diese Einsicht!

~~~~~~~~~

Wunder

Wunder geschehen ganz leise und
klein,
brauchen nicht viel um erhört zu sein,
ein kleines Gebet, eine Ansprache da,
wir selbst entscheiden mit unserem
Vertrauen und Hilfe der Engel, was
davon wird wahr,
jeder neue Tag, jeder neue Morgen,
eine neue Liebe, Gesundheit, das große
Glück,
immer wenn es uns ereilt,
wird uns das schicksalhafte schnell zu
Teil,
fangen wir zu Glauben an,
Wunder haben schon immer Menschen
gut getan!

Weisheit

*I*st alles, was wir hoffen zu erlangen,
für diese gehen wir oft durch tiefe Täler
und steile Berge,
einige fallen runter,
andere wandern trotz der Steine wieder
und weiter rauf,
einige bleiben liegen, andere rappeln
sich auf,
die Kenntnis zu erlangen warum trotz
vieler Kiesel und Geröll,
der Weg unaufhörlich höher geht,
ist wahrer Weisheit zu benennen,
schön dies dann auch zu erkennen!

Klarheit

*I*st ein hohes Gut,
durch unbedarftes Handeln dieses
schnell mal in einen Strudel gerät,
kaum zu lenken diese untergeht,
zur Klarheit steht dann Gott sei Dank
das Glück neben an, so wird es wieder
aufwärts gehen, ohne Strudel oder
Nebel, ist dieser Vorhang dann gefallen,
wünschen wir uns in mancher Stunde,
ihn zurück, denn ist er einmal
aufgegangen, schnellt er nicht mehr
empor, im Bühnenstück das Klarheit
verspricht!

Freude

*I*st mal klein mal groß, ein jeder sieht
was anderes in ihr, es ist der freie Blick,
ein Gutes, starkes Gefühl zu ihr,
mancher wünscht sich die Kindheit
zurück, ein anderer das Eheglück, für
viele ist die Scheidung die Rettung
wahrhafter Freude im letzten
Augenblick, die Mutter wünscht ihr
Kind zurück, der Vater es gern hätte
früher weggeschickt, das Kind wäre gern
schneller erwachsen geworden, alles in
allem, es gibt sie in vielen Facetten,
Freude, ein jeder liebt und lebt sie aus,
auf seine eigene Weise, auf seiner
Lebensreise!

Glück

Sagen wir es, wenn es ein Zufall ist, nur
wann ist es Zufall und wann nicht,
erleben wir Freud als Glück, warum
empfinden wir es bei Leid dann nicht,
wer sagt es ist jetzt ein Glück für Dich,
und wer sagt uns, dass es nie uns wird
gewährt, Dein Leben und auch Glück
allein, sendest du Kraft Deiner
Gedanken ins Universum, um so von
lieblich surrenden Wesen, engelhaftes
Glück zurück zu bekommen, öffne Dein
Herz, warte nicht länger passiv das es
Dir widerfährt!

Wahrhaftigkeit

So Gott uns einst gelehrt, ist etwas auf
einer höheren Ebene aufgebaut, solange
Du an Dich und Gottes Worte glaubst,
wird ein Leben lang Dir nur
Wahrhaftigkeit begegnen, vertraue auf
Deine Intuition und dein „mediales
Lesen", so wirft die Wahrhaftigkeit
Gottes einen wundervollen goldenen
Lichtstrahl auf Dich ,bleibe wahrhaftig!

Vertrauen

*E*in schönes Wort ohne große Tat,
Vertrauen haben wir schon als Kind
gehabt, solange bis auf die eine oder
andere Weise, unser Herz wird verletzt,
uns so in einen Käfig unseres Egos
sperren, dieser auf unserer
Selbstfindung; nach vielen Jahren des
Wandelns auf Erden mit Seelenqualen
vollgestopft,
so sehr, dass wir es nicht fassen können,
so viel Vertrauen wir einst hatten und so
oft ist es missglückt,
es zählt der starke Glaube gar, führt uns
vom Egoverließ direkt ins
Seelenparadies, direkt in ein strahlendes
schönes Leben rein,
habe Mut auch nach Strapazen diesen
Weg zu gehen,
denn diese Treppe hat ein Geländer des
Vertrauens zur Sicherheit vorgesehen!

Glaube

Der Mensch ist frei,
die Gottheit und die Engel neutral,
völlig wertfrei voller Licht und Liebe,
klarer Energie steht die gesamte
Himmelsweite zur Verfügung einem
Jeden, jedem der sie gezielt auch ruft,
anspricht und um Hilfe bittet,
wir haben alle in unserer Not zu Glauben
angefangen,
schnell ist es in Situationen in denen es
uns gut ergangen wieder mit Füßen
getreten,
hinfällig geworden, doch ein kleiner
Hauch, ein Reflex,
schon setzt der Glaube wieder seine
Energie frei,
mache Dir das Leben doch ruhig
leichter, Glaube immer,
so wird Dich dieser tragen, ob an guten
oder schlechten Tagen!

Hoffnung

*E*in wunderbares Wort, umfasst alles,
doch was birgt es denn in sich,
Hoffnung, was ist es dieses schöne Wort,
Hoffnung,
wer hofft, erhält seinen Glauben zurück,
Gott sprach, hoffe so erfährst Du
weiterhin Vertrauen in jeden Menschen
gar, durch Hoffnung wird uns die
Wahrhaftigkeit Gottes klar,
Engel bringen auf unser Hoffen hin uns
Leichtigkeit, Freude, Klarheit zurück,
Erzengel senden auf unserer Hoffnung
uns Weisheit zurück,
Hoffnung ist zusammengefasst ein
allumfassendes Gut,
nur wer mit reinem Herzen hofft,
erhellt schicksalhaft sein lichtvolles Ziel!

Heilung

*H*eil, ganz und gesund zu sein,
bedeutet, sich in Gott zu finden,
seine Quellen zu öffnen, sich aus alten
Ängsten und Mustern zu befreien,
sich zu aktivieren, seine Energie bis in
die Tiefe des Seins zu empfinden,
sich zu spüren, sich zu sammeln zu
sortieren, ohne Hektik oder Furcht im
Vertrauen auf das große Ganze,
denn es ist genug für alle da ,es ist für
uns gesorgt!

Demut

*I*n Demut zu stehen bedeutet nicht, mit
gesenktem Haupte im großen
Kirchenschiff zu stehen
es bedeutet zu achten, ehren und zu
respektieren wer wir sind hier auf Erden.
Zu verstehen, dass alles, was mit und um
uns geschieht, unsere eigene
Abmachung mit dem Universum ist!

Inkarnation

*D*er Körper geht, die Seelenenergie
bleibt bestehen, so wie viele Völker
zusammenstehen ist auch die Blaue
Stadt zu sehen,
eng verbunden und doch
eigenverantwortlich sammeln wir die
Energie und Macht, in Ablöse-Themen,
geboren zu werden um uns neu zu
gebären, dem Fluss zu folgen, in dem
wir immer stehen,
das ist die Macht Gottes, die wir in
jedem Menschen sehen,
da werden Taten zu Vereinbarungen,
Betrug und Lug zur eigenen Täterschaft
niemand anderes außer uns selbst stellt
sich dem, was er verursacht hat.
In Gänze gesehen bleibt das bestehen,
wo unsere dunklen Flecken uns noch
nicht hin geleiten mögen, was uns zu
schwer, unüberwindbar erscheint, alte
Leben zu verarbeiten, weiter zu gehen,
sich in seinem eigenen Fluss nicht mehr
als einen Bieber zu aktivieren,

damit es sich nicht noch mehr staut als
es schon hat,
los zu lassen aus alter Schuld, vorwärts
schreiten ,weil es uns erhellt und nicht
vernichtet,
unser Lebensbuch uns dabei begleitet,
wird neu beschriftet mit jedem Tag in
dem wir uns in Gänze annehmen ohne
dabei zugrunde zu gehen, es ist eine Zeit
der Arbeit und doch die wichtigste sich
zu aktivieren und sein eigenes
Universum zu gebären,
lichtvoll und ohne Furcht in Liebe und
Leichtigkeit sein Leben zu begehen,
bis wir erneut inkarnieren.
Leben heißt Leichtigkeit, Liebe, Freude
Demut, Dankbarkeit, Fülle und Respekt,
wer diese Attribute für sich entdeckt, hat
verstanden, dass wir mit jeder Gabe
ohne Ziel und Sinn an Mangel und
Armut festhalten, an einem gestaffeltem
Klassensystem,
das niemand benötigt denn es hält
unnötig klein, wir alle haben genügend
Raum um "Groß" zu sein!

Transformation

Der Tag, an dem ich das Lächeln
verlor, fast so, als ob der Teufel
persönlich meine Seele einfror,
viele Monde nun geht es lautlos,
kaum noch in der Balance zwischen
Hoch und Tief so, als ob mein wahrer
Kern tief in mir schlief, fernab von
Himmel und Hölle in des alten Körpers,
die Möglichkeit Altes zu vernichten,
neues Glück, Freud, Lachen, Liebe,
Heilung und Öffnung über diesem
Wege, ein ganz neues Leben ich nun
gebär, lieber Gott trotz aller Schmerzen,
Trauer und Leid bin ich nun für mein
neues Leben, mein neues Glück bereit,
ich danke Dir und all meinen Engeln
dafür! Danke!

*W*er nicht weiß, wie tiefe Trauer sich anfühlt, weiß nicht, wie Gesundheit und Glück wirklich zu spüren ist,
drum hadere nie in einer schweren Stunde, denke nicht, dass Gott dich vergisst, denn seine Liebe ist dir immer gewiss!

~~~~

*T*auch ein in die Zauberwelt,
komm mit ins Reich der Phantasie,
fahre mit der Achterbahn Deiner Gefühle, schlecke an der süßen übermütigen Zuckerwatte,
umarme den Clown, der sie Dir gab,
schwinge zum Tanz Deine Seele ein,
lache die Welt Dir bunt, male in wunderbaren Formen und Farben die Brücke Deines inneren Kindes
in die erwachsenen Welt zurück,
verinnerliche dieses Bild in jeder schweren Stunde und erinnere Dich dann mit der Freude und des Glückes Deines unschuldigen inneren Kindes daran zurück!

*E*ngel laden zum Tanze ein,
surrt und schwirrt es um Dich herum,
verzückt und lieblich froh die Botschaft
für jeden ist, diese Freude, dieses
Glückes zarter Reigen, wie nur ein Engel
Dir den Tanze Deines Lebens voller
Zartheit nahe bringen kann!

Pierre

Lieber Sohn, sei gedrückt, eine Mutter
liebevoll Dich an sich zieht,
ein Leben mit einer Mutter ist
nicht immer leicht, begleitet sind so
mancher Tag, mit Tränen, Wut, Frust
oder Verständnis los gar,
nur eines, glaube mir, jeder neue Tag
bringt auch Glück, Lachen und Freude
zurück, und dieses starke Band,
das schlägt in unser beider Brust
weil Du mein Kind, mein Leben bist!
Danke, dass Du ein so wunderbarer
Mensch bist!

Alessandra

Mein Kind, in unser Namen weder
Marke noch Design schwingt,
es für Dich oft in der Welt nur materielle
Dinge gab, die Dich zufrieden stimmten,
sei Dir eines gewiss, Liebe, Familie und
Vertrauen, sind niemals käuflich,
denn Deine Mutter liebt Dich kostenfrei
und inniglich, nie bestechlich immer
dann, denn Du bist ein Teil meines
Herzens, mein Lebensglück.
Danke, dass Du ein so wunderbarer
Mensch bist!

*W*enn ein Moment sich neigt dem
Augenblick,
es dreht sich ein Oval zu einem
elypsenförmigen Kreis,
frage Dich, warum er nicht rund sich
dreht, der Strom in deinem Leben, der
nicht weiter geht, was ist unausgewogen,
was gar zu spät? Ist es je zu spät, zu
reißen am Rad, damit es sich friedlich
wieder im Kreise dreht?

~~~~

*E*ine Begegnung zu Ende geht,
nicht der Faktor Zeit dazwischen steht,
es kann ein Reflex sein, ein Augenblick,
manchmal Jahre, gut es ist, nicht darum
zu wissen, wann es Dich wird treffen!

*E*in Mensch kann sehr viel Leid
ertragen,
Frauen nicht nur zur Kriegszeit Kind
oder Mann zu Grabe tragen,
Witwer stehen gemeinsam am Grab,
sprechen mit der Liebsten, was es heute
in den Nachrichten gab,
Kinder beweinen den frühen Heimgang
der Eltern schwer,
Tiere gemeuchelt aus falscher
Fleischeslust,
Nahrungsmittel vergossen, gestampft zu
Brei, weil es zu viel davon gab,
am Hunger sterben täglich viele
Menschen,
zu sehen wie gemordet, vergewaltigt,
gestohlen und laut, dem
machtlosen Gesetz, von Rechts ins
nackte Gesicht wird geschlagen,
wie muss ein Schöpfer fühlen sich, wenn
er sieht, wie eine einzige Kreatur,
sich in all den Millionen Jahren nicht
entwickeln will?!

*M*ut ist das tapfere Band des kleinen Mannes,
Stolz, das Brot das ihn nährt,
Füße, die ihn auch mit schweren Stiefeln und Gepäck tragen,
seine Zuversicht,
die Fahne in der Hand, die Waffe gezielt gesetzt,
ist der letzte Gedanke an Frau und Kind sein ganzer Lohn,
gewürdigt der Salve am Grab,
die Fahne gefaltet, die Waffe gereinigt, die Stiefel geputzt,
so steht er im Himmel ohne all seine Sachen da, um zu überdenken, was hat es ihm gebracht für Ruhm und Ehre,
wird er seine Familie nicht mehr sehen, nichts von all dem ist geblieben,
nicht mal Mut Stolz und Zuversicht, die einst da waren, sein Lohn als kleiner Mann!

*H*offnung ist der Keim, der in uns
wachsen will,
Sehnsucht der Tropfen, der uns benetzen
will,
Liebe das zarte Band, das uns halten
will,
still es wird, wenn die Zeit vergeht,
wir schrumpfen und trocknen aus, kaum
noch im Gleichgewicht,
die Bänder nicht mehr halten Dich,
beginnt das Wunder der Schöpfung neu
für sich,
wie Phoenix aus der Asche erhebt es
sich,
das hoffnungsvolle Band beginnt von
Neuem zu wachsen in sich!

*W*enn ein Leben sich neigt,
in einem Moment der Unachtsamkeit vor
seiner Zeit,
so mögen die es verstehen, die hinter die
verschlossenen Türen blicken können,
denn da steht die Wahrheit,
Recht eines Jedermann,
so können wir nicht ändern doch ehren
und respektieren, dass ein Leben so von
uns geht!

~~~~~~~

Der Tod ist der Freund des Lebens!

~~~~~~~

*E*in erfüllter Tag steht hoch am Horizont, durchzogen von dunklen Wolken, die sich im nächtlichen Mondenschein deutlich zeigen, sind diese am Tage gesehen auch dort gewesen? Sehen wir am Tage weniger als in der Nacht? Ist es im Himmel hell oder dunkel, bleibt das Licht das Dich geleitet hat? Ist Kummer und Schmerz nun fort gegangen? War es Dein Wunsch so zu gehen?

~~~~~~

*E*in Freund zu Lebzeiten verändert nicht sein Gesicht, wenn er sich zu einem andern Weg entschieden hat! Wir ehren und respektieren Dich an jedem uns verbleibenden Tag!

*W*ie erfüllt ist ein Leben, wenn es jung
möchte gehen,
es gibt kein Messinstrument, das uns
erlaubt zu richten über richtig und
falsch,
wichtig ist, die Ehrlichkeit bei Lebzeit,
auch nach rechts und links zu sehen,
Die Hand zu reichen und in Ehren zu
halten was uns in Erinnerung bleibt!

*D*ie Furcht vor dem Tod ist das Gesicht
des Schmerzes,
das uns in seine friedvollen Arme leitet,
doch Erlösung ist das Thema nicht der
Weg,
denn diese sind immer steinig, egal zu
welcher Zeit man sie geht!

~~~~

Weihnacht

*I*hr Lieben,
Weihnachten, eine Zeit, die für viele
ihren Zauber verloren hat,
soviel Konsum schon ab August,
fast ein Zwang dem Kaufrausch zu
folgen, erdrückend, auferlegt,
erinnern wir uns doch der Wärme und
Güte, dem Neubeginn,
lassen den Konsum hinter uns, backen
unsere Plätzchen wieder selber, gehen
zur Christmette und stimmen mit
unseren himmlischen Heerscharen,
Friede, Liebe Gesundheit, Glück und
Fülle für alle Menschen auf Erden ein,
mögen wir unseren eigenen Garten mit
Liebe bepflanzen und Mitgefühl, Demut
und Respekt vor der Vollkommenheit
des Ganzen, strömt in uns ein,

so kann uns nichts Negatives in keiner
unserer Ebene mehr erreichen, denn wir
setzen es positiv ein,
vergeben und verzeihen - so wird unser
Ego auf das Maß degradiert,
auf das es gehört,

Licht und Schatten werden in der
Balance stehen und bleiben,
ohne Weltuntergangspredigen und den
Machtinstrumenten Angst und Liebe,

wir sind unser Glück, unsere Liebe
unsere Gesundheit unser
Wahrheit Schmied!

Gott segne uns alle, lege behütend seine
Hände auf uns,
uns allen wünsche ich eine positive
Neuordnung für ein jedes Neue Jahr,
besinnliche und schöne Weihnachten auf
Erden hier!

~~~~~~~~~~~~~~~~~~~~~~~~~~~~~~~~~~~~~

Nähere Infos über Seminare, Events und
Beratungen der Autorin, erhalten Sie
unter:
www.lichtpavillon.net

ISBN-13: 978-3-837-01486-0